Llyfr

Y Siop Fwyd

caws

bananas

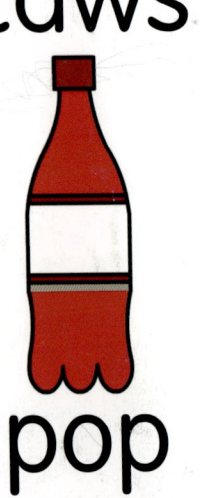
pop

sosej

jam

lolipop

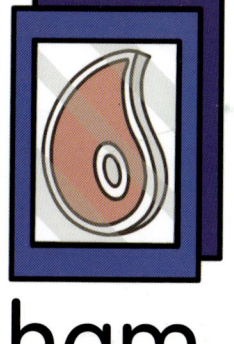
ham

afalau

Dyma fasged siopa mam Sam.

Mae mam a Sam a Non a Jac yn mynd i'r siop.

Mae mam eisiau bwyd.

Beth mae mam yn ei brynu yn y siop?

Mae hi'n prynu pot o jam coch.

Jam coch neis.

Beth mae mam yn ei brynu yn y siop?

Mae hi'n prynu ham.

Mae Jac yn hoffi ham.

Beth mae mam yn ei brynu yn y siop?

Mae hi'n prynu pop coch.

Mae Sam yn hoffi pop coch.

Beth mae mam yn ei brynu yn y siop?

Mae hi'n prynu caws oren.

Mae Sam yn hoffi caws oren.

Beth mae mam yn ei brynu yn y siop?

Mae hi'n prynu sosej.

Mae Sam yn hoffi sosej.

Beth mae mam yn ei brynu yn y siop?

Mae hi'n prynu afalau a bananas.

Mae Non yn hoffi afalau a bananas.

Mae'r fasged yn llawn.

Beth mae mam yn ei brynu rŵan?

Mae hi eisiau rhywbeth oer, oer, oer.

Dau lolipop mawr, coch, oer, oer, oer.

Un lolipop i Sam
ac un i Non.

O, hen dro,
dim byd i Jac.

Ond mae mam am brynu un peth eto.

Asgwrn mawr, mawr, mawr.

Asgwrn mawr, mawr i Jac.

Geirfa 14
Vocabulary 14

Sam	
Non	
Jac	
mam	mum
y siop fwyd	the food shop
bwyd	food
caws	cheese
jam	jam
bananas	bananas
pop	pop
sosej	sausage
ham	ham
afalau	apples
lolipop	lollypop
Basged/fasged	basket
asgwrn	bone
mawr	big
eto	again
yn y	in the
beth mae ?	what does?
mae hi	she

Idiomau — **Idioms**
hen dro — what a shame

pot o	a pot of
coch	red
oren	orange
peth/pethau	thing/things
oer	cold
rhywbeth	something
un	one
dau	two
dim byd i …	nothing for …
ond	but
dyma	this is
mae/mae'r	a verb "to be"
a/ac	and
yn mynd i'r	go to the
yn hoffi	likes
yn llawn	is full
yn prynu/brynu	buys
siopa	shopping
rŵan	now
eisiau	wants
neis	nice